Stefanie Klering

Krankheit als Widerstand - Eine psychologische In
man's "The Yellow Wallpaper"

Stefanie Klering

Krankheit als Widerstand - Eine psychologische Interpretation von Charlotte Perkins Gilman's "The Yellow Wallpaper"

GRIN Verlag

Bibliografische Information der Deutschen Nationalbibliothek: Die Deutsche Bibliothek verzeichnet diese Publikation in der Deutschen Nationalbibliografie; detaillierte bibliografische Daten sind im Internet über http://dnb.d-nb.de/ abrufbar.

1. Auflage 2005
Copyright © 2005 GRIN Verlag
http://www.grin.com/
Druck und Bindung: Books on Demand GmbH, Norderstedt Germany
ISBN 978-3-638-82274-9

Ruprecht-Karls-Universität Heidelberg
Anglistisches Seminar
Hausarbeit
Death, Devil and Decadence
WS 2004/2005

Krankheit als Widerstand

- Eine psychologische Interpretation von Charlotte Perkins Gilman's "The yellow wallpaper"

Stefanie Klering

Inhaltsverzeichnis

Kapitel I: Allgemeine Hintergrundinformationen 3

1.1 Das Thema 3

1.2 Die implizierte Kritik 3

1.3 Entstehungshintergrund der Kurzgeschichte 3

1.4 Hysterie als typisch weibliches Krankheitsbild im 19. Jahrhundert 4

1.5 Behandlungsarten der Hysterie 5

Kapitel II: Besondere Merkmale der Kurzgeschichte 7

2.1 Erzählrahmen 7

2.1.1 Äußerer Erzählrahmen 7

2.1.2 Innerer Erzählrahmen 7

2.2 Atmosphäre der Kurzgeschichte 9

Kapitel III: Textinterpretation 10

3.1 Symptome im Text 10

3.2 Hysterische Erzählstruktur 11

3.3 Krankheit als Widerstand 13

Kapitel IV: Ausblick 17

Kapitel V: Literaturverzeichnis 18

Kapitel I: Allgemeine Hintergrundinformationen

1.1 Das Thema

In ihrer Kurzgeschichte *The Yellow Wallpaper* aus dem Jahre 1891 lässt *Charlotte Perkins Gilman* den Leser an den geheimen Gedanken ihrer namenlosen Protagonistin teilhaben, die diese im gelb tapezierten Schlafzimmer eines einsamen Landsitzes in einer Tagebuch ähnlichen Art niederschreibt. Sie hat nach der Geburt ihres ersten Kindes mit einer „momentanen nervösen Depression - einer leichten Neigung zur Hysterie"[1] zu kämpfen. Die Kurzgeschichte zeichnet den Verlauf der Erkrankung nach und lässt den Leser die psychische Verfassung der Ich - Erzählerin nachfühlen.

1.2 Die implizierte Kritik

Die feministische Gesellschaftskritik in *Gilmans* literarischen Werken ist bereits vielfach besprochen worden[2]. Des Weiteren hat *Charlotte Perkins Gilman* in ihrem Artikel *Why I wrote The Yellow Wallpaper*[3] selbst klar gestellt, dass sie die Behandlungsmethoden von psychischen Erkrankungen im 19. Jahrhundert kritisieren wollte. Über diese Behandlungsmethoden und die allgegenwärtige Diagnose Hysterie hinaus soll mit der vorliegenden Hausarbeit der Frage nachgegangen werden, in wie weit Krankheit als Machtmittel zum Widerstand gegen das soziale Umfeld missbraucht werden kann.

1.3 Entstehungshintergrund der Kurzgeschichte

Die Intention der Kurzgeschichte *The Yellow Wallpaper* liegt, *Gilmans* eigenen Worten zufolge, hauptsächlich darin, einen bestimmten Arzt[4] zu kritisieren, dessen Behandlungsmethoden[5] sie

---

[1] "... temporary nervous depression - a slight hysterical tendency ..." Perkins Gilman, Charlotte: *The Yellow Wallpaper.* in: Herland and selcted stories by Charlotte Perkins Gilman, herausgegeben v. Barbara H. Solomon, New York, [20]1992, Seite 1.

[2] vgl. Ehrenreich, Barbara und Deidre English: *Zur Krankheit gezwungen. Eine schichtenspezifische Untersuchung der Krankheitsideologie als Instrument zur Unterdrückung der Frau im 19. und 20. Jahrhundert am Beispiel der USA.* München, 1976, m.w.N.

[3] Perkins Gilman, Charlotte: *Why I wrote The Yellow Wallpaper.* The Forerunner, October 1913.

[4] Dr. Silas Weir Mitchell war Gilmans behandelnder Arzt.

[5] Gemeint ist dessen sogenannte Ruhigstellungstherapie.

erfahren und in der Erzählung verarbeitet hat. Sie wollte damit andere Menschen, insbesondere Frauen, warnen sich ähnlichen Behandlungsmethoden zu unterwerfen.[6]

1.4 Hysterie als typisch weibliches Krankheitsbild im 19. Jahrhundert

Zu Beginn der Kurzgeschichte wird die Diagnose des Ehemannes in der Funktion ihres Arztes genannt:

„momentane nervöse Depression - eine[.] leichte[.] Neigung zur Hysterie"[7]. Diese Diagnose verwundert beim ersten Betrachten nicht, da Hysterie im 19. Jahrhundert bei weiblichen Patienten häufig diagnostiziert wurde. Interessant ist auch das Zusammentreffen von psychosomatischen Beschwerden und der neuen Mutterrolle im Licht der Kritik *Gilmans* an der Unterdrückung der Frau durch die patriarchalisch geprägte Gesellschaft des 19. Jahrhunderts.

Hertz und *Molinski* sehen gerade in einer unvollständigen Emanzipation eine wesentliche Ursache für körperliche Beschwerden nach einer Geburt: „Die nervösen Störungen in Geburtshilfe und Gynäkologie hängen nicht nur mit Konflikten um Liebe, Lust und Mutterschaft zusammen, sondern auch mit Ärger und mit nicht geglückter Emanzipation."[8]

Speziell im 19. Jahrhundert wird die Hysterielehre zum Reservat der alten Lehre von krankmachenden Vorstellungen. Sie wird als spezifisch weibliches Leiden zum Paradigma der Lehre von der psychogenen Krankheit. Der Zusammenhang zwischen dem Begriff für die Krankheit und dem lateinischen Namen der Gebärmutter „hysteria" macht dies überdeutlich.

Esther Fischer-Homberger, die die Medizingeschichte der Frau erforschte, stellt dazu fest: „Dies mag einerseits damit zusammenhängen, dass die Frau, ursprünglich repräsentiert in ihrem Uterus, traditionellerweise ein Prädilektionsort von realitätswirksamen Einbildungen ist. Andererseits findet man historisch nicht so selten, dass sich altes Ideengut im Rahmen von der Lehre der Seele eher konserviert als im Rahmen der somatischen Medizin, und innerhalb der somatischen Medizin eher im Rahmen der Frauenheilkunde als in anderen Fächern."[9]

---

[6] vgl. Gilman, *Why I wrote The Yellow Wallpaper.*
[7] "... temporary nervous depression - a slight hysterical tendency ..."
The Yellow Wallpaper, page 1.
[8] Hertz, Dan G. und H. Molinski: *Psychosomatik der Frau - Entwicklungs-stufen der weiblichen Identität. In Gesundheit und Krankheit.*
Berlin♦Heidelberg♦New York, [2]1981(ND), Seite 124.
[9] Fischer-Homberger, Esther: *Krankheit Frau und andere Arbeiten zurMedizingeschichte der Frau,* Bern 1979, Seite 126.

4

Insgesamt herrschte unter den Ärzten große Ratlosigkeit im Begriff auf das Krankheitsbild Hysterie. „Im Rahmen des pathologisch - anatomischen Denkens wurde die Hysterie zur rätselhaftesten aller Neurosen erklärt und als eine Affektion mit unbekanntem Ursprung definiert.

Denn einerseits war die Hysterie mit dem Vorurteil behaftet, eine Reflexneurose weiblicher Genitalerkrankung zu sein, andererseits bestand der Verdacht, dass die Hysterikerinnen ihre wechselhaften und mannigfaltigen Symptome nur simulierten, da diese sich bislang nicht umstandslos in ein festumrissenes Klassifikationsschema hatten einordnen lassen."[10]

1.5 Behandlungsarten der Hysterie

Aufgrund mangelnder Kenntnisse der Vorgänge im Körper im Vergleich zu heutigen wissenschaftlichen Erkenntnissen nahmen die Behandlungsformen aller „Erkrankungen der Nerven" abstruse Formen an.[11]

Dr. *Silas Weir Mitchell*, der Arzt, der sowohl in der Kurzgeschicht erwähnt wird, als auch *Charlotte Perkins Gilman* behandelte, begründete seine *Ruhigstellungstherapie* ebenfalls eher auf Mutmaßungen denn auf Wissen. Diese Behandlungsmethode basierte zu aller erst auf Passivität: „Rezept Nummer eins war Passivität, dazu kamen warme Bäder, kalte Bäder, keine tierischen Nahrungsmittel und Gewürze, eine Diät, die aus Milch, Pudding und Getreideflocken und dazu einigen „milden, säurelosen Früchten" bestand. Die Frau sollte eine Krankenschwester haben - keine Verwandte - die sich um sie kümmerte, sollte keine Besuche empfangen und [...] sie sollte vor allen geistigen Anregungen vorsorglich bewahrt werden."[12] *Ehrenreich* und *English* kommen zu dem Schluss, dass „diese ärztliche Beachtung, die diesen Frauen geschenkt wurde, einem sehr wirksamen Überwachungsmechanismus"[13] gleich kam. Die Ärzte konnten die ersten Anzeichen von Widerspenstigkeit aufdecken und sie als Symptome einer Krankheit interpretieren, die geheilt werden konnte und musste."[14] Dass die Autorin mit ihrer Kurzgeschichte auch die damaligen gesellschaftlichen Verhältnisse kritisierte, in denen Frauen als von ihren Ehemännern abhängige, untätige Damen der „besseren" Gesellschaft gesehen wurden, brachte sie in ihrem Artikel *Why I wrote The Yellow Wallpaper* deutlich zum Ausdruck.

---

[10] Schaps, Regina: *Hysterie und Weiblichkeit Wissenschaftsmythen über die Frau*, Frankfurt 1982, Seite 51.
[11] vgl. Ehrenreich / English: *Zur Krankheit gezwungen*, Seiten 33-40.
[12] Ehrenreich / English: *Zur Krankheit gezwungen*, Seite 35.
[13] Bei ausführlicher Auseinandersetzung mit diesem Thema drängt sich der Vergleich mit der Behandlung der Frauen durch die Inquisition auf. Interessant wäre eine nähere Betrach-tung der Frage, ob die (Massen-) Diagnose Hysterie mit dem Ziel der Ruhigstellung der betroffenen Frau als modernere und humanere Form der Hexenjagd gesehen werden kann.
[14] Ehrenreich / English: *Zur Krankheit gezwungen*, Seite 39f.

Im Bezug auf die Anweisung des Arztes nicht zu arbeiten, spricht *Gilman* bemerkenswerter Weise von einem Mindestmaß an Macht[15], das ein Mensch einbüßt, wenn er nicht arbeitet. Das Stichwort „Macht" in diesem Zusammenhang erscheint widersprüchlich zu dem Bild, das von der Dame der besseren Gesellschaft im 19. Jahrhundert gezeichnet wurde; diese ist gerade durch ihre Machtlosigkeit charakterisiert. Laut *Gilman* ist eine Person dann machtlos, wenn sie nicht arbeiten kann - genau wie ihre Protagonistin. Ohne dieses gewisse Maß an Macht betrachtet *Gilman* eine Person als Almosenempfänger und Parasit[16].

Es stellt sich folglich die Frage, ob sich das Machtmittel Arbeit durch ein anderes ersetzen lässt, um die gewünschte Aufmerksamkeit und Kontrolle über das soziale Umfeld zu erlangen und noch weiter gehend, ob sich im Handeln von *Gilmans* Protagonistin Anhaltspunkte dafür finden lassen, dass sie ihre Krankheit als Machtmittel zum Widerstand gegen ihr soziales Umfeld einsetzt.

---

[15] "Then, using the remnants of intelligence that remained, and helped by a wise friend, I cast the noted specialist's advice to the winds and went to work again - work, the normal life of every human being; work, in which is joy and growth and service, without which one is a pauper and a parasite - ultimately recovering some measure of power."

[16] Gilman, *Why I wrote The Yellow Wallpaper*.

Kapitel II: Besondere Merkmale der Kurzgeschichte

2.1 Erzählrahmen

Die Kurzgeschichte verfügt sowohl über einen äußeren, als auch über einen inneren Erzählrahmen, die im Verlauf der Kurzgeschichte miteinander verschmelzen.

2.1.1 Äußerer Erzählrahmen

The Yellow Wallpaper spielt im Amerika des 19. Jahrhunderts. Der Ehemann der Protagonistin hat für den Sommer ein abgelegenes Landhaus gemietet, in dem sie sich von einer Depression nach der Geburt ihres ersten Kindes erholen soll. Obwohl sie das Haus insgesamt sehr schön findet, spürt sie gleichzeitig etwas Sonderbares[17] an ihm. Eine spezielle Abneigung hat die Ich-Erzählerin gegen das eheliche Schlafzimmer - "I don't like our room a bit."[18] Sie erklärt diese Abneigung damit, dass es sich dabei um das Kinderzimmer der Vorbewohner mit vergitterten Fenstern und in die Wand eingelassenen Ringen handelt. In Interpretationen wurde darauf hingewiesen, dass es sich bei dem Haus „um eine Metapher für die Gefangenschaft der Heldin in männlichen Traditionen, Texten und Gebäuden"[19] handelt. In diesem Haus soll sie mit Hilfe von Medikamenten, Stärkungsmitteln, Reisen, Spaziergängen, Übungen, strengster Ruhe und frischer Luft[20] wieder zu sich selbst finden. Zusätzlich ist ihr alles strengstens untersagt, was sie in irgendeiner Form fordern könnte.[21] Diese Maßnahmen hat ihr Ehemann - er ist bemerkenswerter Weise gleichzeitig ihr Arzt - verordnet.

2.1.2 Innerer Erzählrahmen

Die geheimen Notizen der Ich-Erzählerin spiegeln ihre Gefühlswelt wider und bilden somit den inneren Erzählrahmen der Kurzgeschichte. Die Protagonistin glaubt entgegen der Meinung ihres Mannes, ihr würde ein gewisses Maß an Arbeit - sie ist Schriftstellerin - gut tun. Auch ein wenig

---

[17] "The most beautiful place![...], there is something queer about it."
The Yellow Wallpaper, page 2.
[18] *The Yellow Wallpaper*, page 2.
[19] so z.B. Plesch, Bettina: *Die Heldin als Verrückte: Frauen und Wahnsinn im englisch-sprachigen Roman von der Gothic Novel bis zur Gegenwart.* Pfaffenweiler, 1995, Seite 304, m.w.N.
[20] *The Yellow Wallpaper*, pages 1 and 2.
[21] "I am absolutely forbidden to "work" until I am well again."

Zerstreuung und Gesellschaft würden ihren Zustand ihrer Meinung nach eventuell verbessern können. Ihrer eigenen Auffassung entgegen[22] fügt sie sich dem Willen ihres Mannes[23] und verbringt die meiste Zeit im Schlafzimmer. Insgesamt wird sich die Verschlechterung des Seelenzustandes der Protagonistin an der Beschreibung der Tapete im Verlauf der Kurzgeschichte spiegeln. Ihre Gefühlswelt wird untrennbar vom Gegenstand der Tapete - äußerer und innerer Erzählrahmen verschmelzen.

Am Anfang der Erzählung beschreibt sie die Tapete noch recht sachlich:

"The paint and paper look as if a boys' school had used it. It is stripped off - the paper-in graet patches all around the head of my bed, about as far as I can reach, and in a great place on the other side of the room low down.
I never saw a worse paper in my life. One of those sprawling, flamboyant patterns committing every artistic sin.
It is dull enough to confuse the eye in following, pronounced enough constantly to irritate and provoke study, and when you follow the lame uncertain curves for a little distance they suddenly commit suicide - plunge off at outrageous angles, destroy themselves in unheard-of contradictions.
The color is repellant, almost revolting: a smouldering unclean yellow, strangely faded by the slow-turning sunlight. It is a dull yet lurid orange in some places, a sickly sulphur tint in others."[24]

Nach zwei Wochen Aufenthalt ist sie weiterhin zu einer differenzierten Wahrnehmung fähig :

"I'm really getting quite fond of the big room, all but that horrid paper. [...]
This paper looks to me as if it knew what a vicious influence it had! [...]
There is a recurrent spot where the pattern lolls like a broken neck and two bulbous eyes stare at you upside down. I get positively angry with the impertinence of it and the everlastingness. Up and down and sideways they crawl, and those absurd unblinking eyes are everywhere. There is one place where two breadths didn't match, and the eyes go all up and down the line, one a little higher than the other.
I never saw so much expression in an inanimate thing before... and we all know how much expression they have!"[25]

Ihre Wahrnehmung konzentriert sich daraufhin bald ausschließlich auf die Tapete:

"This wallpaper has a kind of subpattern in a different shade, a particularly irritating one, for you can only see it in certain lights, and not clearly then.
But in the place where it isn't faded and where the sun is just so - I can see a strange, provoking, formless sort of figure that seems to skulk about behind that silly and conspicious front design."[26]

Letztendlich nimmt die Protagonistin hinter der Tapete eine eingesperrte Frau wahr. Sie wacht eifersüchtig[27] über ihre Entdeckung und arbeitet heimlich auf die Befreiung dieser Frau aus der Tapete hin.

" There are things in the wallpaper that nobody knows about but me or ever will. Behind that outside pattern the dim shapes get clearer every day. It is always the same shape

The Yellow Wallpaper, page 1.
[22] "Personally, I disagree with their ideas", *The Yellow Wallpaper*, page 2.
[23] "But what is one to do?", *The Yellow Wallpaper*, page 2.
[24] *The Yellow Wallpaper*, page 3.
[25] *The Yellow Walpaper*, page 5.
[26] *The Yellow Walpaper*, page 6.
[27] "No person touches this paper but Me - not alive!" *The Yellow Walpaper*, page 14.

only very numerous. And it is like a woman stooping down and creeping about behind the pattern. I don't like it a bit."[28] [...]
..."I kept still and watched the moonlight on that undulating wallpaper till I felt creepy. The faint figure behind seemed to shake the pattern, just as if she wanted to get out."[29] [...]
"The front pattern does move - and no wonder! The woman behind shakes it!"[30] [...]
"And she is all the time trying to climb through. But nobody could climb through that pattern - it strangles so."[31] [...]
"If only that top pattern could be gotten off from the under one! I mean to try it - little by little."[32] [...]
"As soon as it was moonlight and that poor thing began to crawl and shake the pattern, I got up and ran to help her. I pulled and she skook. I shook and she pulled, and before morning we had peeled off yards of that paper.[33] [...]
"Then I peeled off the paper I could reach standing on the floor. It sticks terribly and the pattern just enjoys it! All those strangled heads and bulbous eyes and waddling fungus growths just shriek with derision!"[34] [...]

Die Kurzgeschichte endet mit der Entdeckung des Ehemannes, dass seine Frau an der Wand entlang kriecht, von der sie zuvor die Tapete herunter gerissen hat. Nach dem Grund für ihr Handeln befragt, antwortet sie ihm:

"And I've pulled off most of the paper, so you can't put me back!"[35]

2.2 Atmosphäre der Kurzgeschichte

Das Haus und ganz speziell das eheliche Schlafzimmer mit den festgeschraubten Ehebetten kreiert die für *Gothic* übliche spannungsgeladene Atmosphäre. Die Protagonistin schwankt zwischen Imagination und Wirklichkeit und hat keinerlei intellektuelle Auseinandersetzung als Korrektiv zu ihren isolierten Eindrücken. Ihre Eindrücke sind isoliert, weil sie im ländlichen Ambiente von ihrem gewohnten räumlichen und sozialen Umfeld abgeschottet ist und - insbesondere durch das Verbot zu arbeiten - unter einem Identitätsverlust leidet. Sie hat mit den Maßstäben zu kämpfen, die ihr Ehemann als Stellvertreter für die Gesellschaft formuliert. Instinktiv weiß die Protagonistin zwar was richtig für sie ist, kann sich aber dennoch nicht aus dem Korsett der an sie gestellten Forderungen befreien. Das Problem liegt dabei in ihrer neuen Identität als Mutter, die für sie so unfassbar bleibt wie die wirren Muster der Tapete, die der Erzählung ihren Namen gegeben haben.[36]

---

[28] *The Yellow Walpaper*, page 8.
[29] *The Yellow Walpaper*, page 9.
[30] *The Yellow Walpaper*, page 13.
[31] *The Yellow Walpaper*, page 13.
[32] *The Yellow Walpaper*, page 14.
[33] The yellow wallpaper, page 14.
[34] *The Yellow Walpaper*, page 15.
[35] *The Yellow Walpaper*, page 16.
[36] vgl. Plesch, Bettina: *Die Heldin als Verrückte*. Seite 303f.

Kapitel III: Textinterpretation

3.1 Symptome im Text

Die Symptome, die als Indikatoren für Hysterie galten, haben sich im Lauf der Medizingeschichte und mit neuen wissenschaftlichen Erkenntnissen stark verändert. Im Folgenden sollen die Symptome des Wissensstandes des 19. Jahrhunderts, also des Entstehungszeitraumes der Kurzgeschichte, betrachtet werden. Einen Klassifikationsversuch unternahm 1859 der Wissenschaftler *Briquet* mit seiner Studie *"Traite de l'hystérie"*. Er klassifizierte Hyperästhesien, Anästhesien, Spasmen, Anfälle, Lähmungen, Wahrnehmungsänderungen, Unwohlsein, ein Gefühl der Magenenge und Rastlosigkeit als typische körperliche Symptome.[37] Diese Studie galt als das grundlegende Werk über Hysterie im 19. Jahrhundert, daher sollen die im Text erwähnten Symptome auf die Beschreibungen *Briquets* untersucht werden.

So beschreibt die Protagonistin bereits zu Beginn der Kurzgeschichte mehrfach wiederkehrende Erschöpfungszustände:

> "I did write for a while in spite of them; but it does exhaust me a good deal - having to be so sly about it, or else meet with heavy opposition."[38] [...]
> "I'm sure I never used to be so sensitive. I think it is due to this nervous condition."[39] [...]
> "But these nervous troubles are dreadfully depressing."[40] [...]
> "Nobody would believe what an effort it is to do what little I am able - to dress and entertain, and order things."[41] [...]

Diese Erschöpfungszustände werden nach *Briquets* Klassifizierung unter die Kategorie der Anfälle eingeordnet. Er sah synkopische Schwächeanfälle besonders häufig bei Frauen, die lange nicht gegessen hatten.[42] Gerade auf Appetitlosigkeit findet sich ein Hinweis im Text, als die Ehepartner über das Gewicht und den fehlenden Appetit der Protagonistin diskutieren:

> "I am a doctor, dear, and I know. You are gaining flesh and colour, your appetite is better, I feel really much easier about you." "I don't weigh a bit more," said I, "nor as much; and my appetite may be better in the evening when you are here but it is worse in the morning when you are away!"[43]

Auch Wahrnehmungsstörungen der Protagonistin sind im Text beschrieben:

---

[37] Mayr, Thomas: *Hysterische Körpersymptomatik, Eine Studie aus historischer und (inter)kultureller Sicht*, Frankfurt/Main 1989, Seiten 38-43.
[38] *The Yellow Walpaper*, page 2.
[39] *The Yellow Walpaper*, page 2.
[40] *The Yellow Walpaper*, page 3.
[41] *The Yellow Walpaper*, page 4.
[42] Mayr, Thomas: *Hysterische Körpersymptomatik*, Seite 42.
[43] *The Yellow Walpaper*, page 9.

"There is one marked peculiarity about this paper, a thing, nobody seems to notice but myself, and that is that it changes as the light changes."[44]

An anderer Stelle spricht sie gegenüber ihres Ehemannes an, dass sie an dem Haus etwas Sonderbares zu spüren glaubt:

"[...] there is something strange about the house - I can feel it. [...] I even said so to John one moonlight evening, but he said waht I felt was a draught, and shut the window."[45]

Diese Empfindungen steigern sich bis zur Wahrnehmung einer hinter der Tapete eingesperrten Frau. Insbesondere in Halluzinationen sieht *Briquet* ein eindeutiges Indiz für hysterische Anfälle.[46]

Im letzten Abschnitt der Kurzgeschichte steigt die Spannungskurve synchron zur Häufung von Symptomen bei der Ich-Erzählerin an. Sie durchlebt rasante Stimmungswechsel von Freude ("Hurrah!"[47]) über Stolz ("I declared I would finish it today!"[48]), Verärgerung ("...and no person touches this paper but Me - not alive!"[49]), Verwirrung ("I wonder if they all come out that wallpaper as I did?"[50]), Befriedigung ("It is so pleasant to be out in this great room and creep around as I please!"[51]) bis hin zu Hohn ("It is no use, young man, you can't open it!"[52]).

3.2 Hysterische Erzählstruktur

Folgt man den Symptomen der Hysterie im Text, ergibt sich die Annahme, dass sich dieser Einfluss auch in der Erzählstruktur der Kurzgeschichte niedergeschlagen hat. Wie *Gilman* ihre Geschichte erzählt, auf welche Weise sie ihre Protagonistin schildert und welchen Erzähl - Standpunkt sie selbst einnimmt, verdeutlichen dies. Besonders hervor zu heben ist in *The yellow wallpaper* die spezifische Konstellation von biographischem, erzählendem und erzähltem Ich. *Gilman* verstand das Medium Schreiben als die Möglichkeit schlechthin, um neue Ideen einem breiten Publikum zugänglich zu machen. Besonders deutlich wird das am Beispiel ihrer Zeitschrift *The Forerunner*, dessen meiste Artikel sie selbst schrieb. Auch ihre theoretischen Veröffentlichungen tragen diesen Charakter.[53] Im Falle von *The Yellow Wallpaper* versucht sie ein neues, spezifischeres Bewusstsein für psychische Erkrankungen von Frauen zu fördern.

---

[44] *The Yellow Walpaper*, page 10.
[45] *The Yellow Walpaper*, page 2.
[46] Mayr, Thomas, Hysterische Körpersymptomatik, Seite 42.
[47] The yellow wallpaper, page 14.
[48] The yellow wallpaper, page 14.
[49] The yellow wallpaper, page 14.
[50] The yellow wallpaper, page 15.
[51] The yellow wallpaper, page 16.
[52] The yellow wallpaper, page 16.
[53] z.B. *Women and Economics*.

11

Zusätzlich gelang es ihr, diese Intention zwischen den Zeilen deutlich werden zu lassen. Dem Leser fällt es als Resultat schwer, zwischen Ich-Erzählerin und Autorin zu trennen, das Erlebte wird nachvollziehbar, die Verwirrung der Ich-Erzählerin nachfühlbar.[54] Dieser Effekt wird noch unterstrichen durch Stilfiguren, wie z.B. durch den Epanados in Kombination mit einem Chiasmus "I pulled and she shook. I shook and she pulled [...]"[55] oder die Anapher "Round and round and round - round and round and round - it makes me dizzy!"[56]. Ebenfalls auffällig ist, wie *Gilman* mit Synästhesien spielt. Im Verlauf der Kurzgeschichte wird das Gelb der Tapete von der Protagonistin nicht mehr nur visuell wahrgenommen, sie kann die Farbe riechen :

> "[...] I turn my head suddenly and surprise it - there is that smell! Such a peculiar odor, too! [...] The only thing I can think of that it is like is the color of the paper! A yellow smell."[57]

Die von *Gilman* verwendeten Metaphern sind schrill; sie malt Bilder von Krankheit, Qual und Tod:

> "the lame uncertain curves [...] suddenly commit suicide"[58], "All those strangled heads and bulbous eyes and wuddling fungus growths just shriek with derision!"[59], [...] nobody could climb through that pattern - it strangles so"[60]

Auf der sprachlichen Ebene finden sich viele Superlative ("I never saw a worse paper..."[61], "a most beautiful place"[62]), die insgesamt einen Eindruck von Übertreibung und Exaltiertheit erzeugen. Die Artikulation ist zugleich affektbeladen. Insgesamt ist der Text theatralisch, Aufmerksamkeit heischend, expressiv, agierend und dramatisierend, er zeigt deutliche Spuren von Hysterizität.[63] *Kelly Hurley* schreibt in ihrer Abhandlung über *Gothic*-Literatur: "Hystericized itself, the genre seeks to draw it's reader into the field of it's hysteria."[64]

---

[54] vgl. Michel, Gabriele. Charlotte Perkins Gilman: Die Gelbe Tapete, Schreiben als eigenwilliger Prozess - Wahn als Vision. in: Frauen - Literatur - Revolution, herausgegeben v. Helga Grubitzsch u.a., Pfaffenweiler 1992, Seiten 272f, 280.

[55] The yellow wallpaper, page 14.

[56] *The Yellow Walpaper*, page 12.

[57] *The Yellow Walpaper*, page 12.

[58] *The Yellow Walpaper*, page 3.

[59] *The Yellow Walpaper*, page 14.

[60] *The Yellow Walpaper*, page 13.

[61] *The Yellow Walpaper*, page 3.

[62] *The Yellow Walpaper*, page 2.

[63] vgl. Lamott, Franziska: *Die vermessenen Frau, Hysterien um 1900*. München 2001, besonders Seiten 62-65.

[64] Hurley, Kelly: *The Gothic Body, Sexuality, materialism, and degeneration at the fin de siècle*. Cambridge 1996, page 47.

3.3 Krankheit als Widerstand

Ehrenreich und *English* stellen im letzten Abschnitt ihrer Betrachtungen über „Die ‚kranken‘ Frauen der gehobenen Mittelschicht"[65] eine interessante Beobachtung an. Sie gaben diesem Abschnitt die Überschrift „Ihre Rolle als Kranke kann die Frau auch untergraben"[66]. Weiter führen sie aus:

> "Es wäre falsch anzunehmen, dass die Frauen bloß die passiven Opfer eines Terrorregimes der Ärzte waren. In mancher Hinsicht konnten sie ihre Krankenrolle zu ihrem Vorteil wenden, besonders als eine Art der Geburtenkontrolle. [...] Wenn also einige Frauen sich in die Krankheit flüchteten, um damit eine Kontrolle über Geburten - und Sexualität - zu haben, so ist es ganz zweifellos, dass andere in die Krankheit flüchteten, um mehr Aufmerksamkeit und ein begrenztes Maß an Macht in ihren Familien zu bekommen."[67]

Um Anhaltspunkte für diese These im Text zu finden, soll zunächst das Verhältnis der Eheleute zueinander untersucht werden. Es finden sich in der Kurzgeschichte immer wieder Anzeichen dafür, dass sich die Protagonistin dem Willen ihres Mannes beugt:

> Personally, I disagree with their ideas. [...] But what is one to do?"[68]
> I get unreasonably angry with John sometimes. [...] But John says if I feel so I shall neglect proper self-control; so I take pains to control myself - before him, at least, and that makes me very tired."[69]
> I cry at nothing, and cry most of the time. Of course I don't when John is here, or anybody else, but when I am alone."[70]

Zusätzlich fühlt sich die Protagonistin von ihrem Ehemann nicht ernst genommen:

> "John laughs at me, of course, but one expects that."[71]
> "You see, he does not believe I am sick! And what can one do? If a physician of high standing, and one's own husband, assures friends and relatives that there is really nothing the matter with one but temporary nervous depression - a slight hysterical tendency - what is one to do?"[72]
> "I suppose John never was nervous in his life. He laughs at me so about this wallpaper!"[73]
> "John does not know how much I really suffer. He knows there is no reason to suffer, and that satisfies him."[74]

Gleichzeitig gibt es auch aus objektiver (Leser-)Sicht Anzeichen dafür, dass der Ehemann seine Frau tatsächlich nicht ernst nimmt:

> "Then he took me in his arms and called me a blessed little goose, [...]"[75]
> " 'What is it, little girl?,' he said. [...]"[76]

---

[65] Ehrenreich / English: *Zur Krankheit gezwungen*, Seiten 40f.
[66] Ehrenreich / English: *Zur Krankheit gezwungen*, Seiten 40f.
[67] Ehrenreich / English: *Zur Krankheit gezwungen*, Seiten 40f.
[68] *The Yellow Walpaper*, page 2.
[69] *The Yellow Walpaper*, page 2.
[70] *The Yellow Walpaper*, page 4.
[71] *The Yellow Walpaper*, page 1.
[72] *The Yellow Walpaper*, page 1.
[73] *The Yellow Walpaper*, page 4.
[74] *The Yellow Walpaper*, page 4.
[75] *The Yellow Walpaper*, page 4.
[76] *The Yellow Walpaper*, page 9.

Er spricht seine Frau, die gerade ihr gemeinsames Kind zur Welt gebracht hat, wie ein kleines Mädchen an. Damit verstärkt er ihren Identitätsverlust und erschwert es ihr, ihre neue Rolle als Mutter anzuerkennen. An anderer Stelle spricht er mit ihr gar in der dritten Person:

" 'Bless her little heart!' said he with a big hug. 'She shall be as sick as she pleases!' "[77]

Insgesamt ist davon auszugehen, dass die Protagonistin durchaus ein Bedürfnis danach hat, von ihrem Mann beachtet und ernst genommen zu werden. Er spricht allerdings mit ihr wie mit einem Kind.

Versucht die Protagonistin mit ihrem Mann zu kommunizieren, kommt das Gespräch zu einem für sie unbefriedigenden Ende:

"I thought it was a good time to talk, so I told him that I really was not gaining here, and that I wished he would take me away. 'Why, darling!' said he. 'Our lease will be up in three weeks, and I can't see how to leave before. The repairs are not done at home, and I cannot possibly leave town just now. Of course, if you were in any danger, I could and I would, but you really are better, dear, whether you can see it or not. I am a doctor, dear and I know.' "[78]

Während die Ehefrau das Gespräch mit ihrem Ehemann sucht, um ihren Gefühlen und ihrer Verwirrung Ausdruck zu verleihen, antwortet dieser als ihr Arzt, nicht als ihr Mann. Statt ihr die Artikulation ihres seelischen Zustandes zu ermöglichen, bittet er sie, seinem fachmännischen Urteil zu vertrauen. Die Position der Protagonistin in Gesprächen unter den Ehepartnern spiegelt sich in der Antwort Johns "Why, darling!" wider. *Gilman* formulierte seine Antwort zwar als Frage, sie setzte jedoch statt eines Fragezeichens ein Ausrufezeichen an das Ende. Damit gleicht Johns Bemerkung eher einer Feststellung. Dieser Eindruck wird erschwert durch die Tatsache, dass er seiner Frau keine Zeit zu antworten lässt, sondern sie mit ablehnenden Gründen förmlich erschlägt.[79]

Dass *Gilmans* Protagonistin Stellvertreterfunktion für viele unterdrückte Frauen der damaligen Zeit einnimmt ist eine Tatsache. Andererseits tauchen im Text Äußerungen, die über eine bloße Kritik an diesen Verhältnissen hinausgehen. Sie erscheinen zumindest verwunderlich, wenn sie nicht sogar ein ganz anderes Bild der Ich-Erzählerin zeichnen. So bemerkt die Protagonistin nachdem sie ihre Erkrankung aus Sicht ihres Ehemannes schilderte zum Beispiel:

"I am glad, my case is not serious!"[80]

An anderer Stelle, als ihr Ehemann droht, sie im Herbst zu *Weir Mitchell* in Behandlung zu geben, sollte ihre Genesung keine Fortschritte machen, erklärt die Protagonistin, warum sie dies auf keinen Fall möchte. Im nächsten Satz bemerkt sie dann aber wie aus heiterem Himmel:

"Besides, it is such an undertaking to go so far."[81]

---

[77] *The Yellow Walpaper*, page 9.
[78] *The Yellow Walpaper*, page 9.
[79] *The Yellow Walpaper*, pages 9 and 10.
[80] *The Yellow Walpaper*, page 3.

14

Zuvor hatte sie mehrfach ausgeführt, wie sehr sie sich durch ihre Depression eingeengt fühlt und wie sehr sie sich wünschen würde, Menschen um sich zu haben, arbeiten zu können und zu gesunden. Nun stellt sie Nebensächlichkeiten diesen Wünschen voran. Ebenfalls in diesem Zusammenhang interessant ist, dass *Gilman* in der Kurzgeschichte nicht den vollen Namen des Arztes benutzt, den sie laut *Why I wrote The Yellow Wallpaper* kritisieren möchte. Sie nennt ihn bei seinem zweiten Vornahmen *Weir* und lässt den ersten weg. Es könnte sich bei der Motivation zu dieser ungewöhnlichen Benennung zwar um das Bemühen um die Wahrung der Intimsphäre *Mitchells* gehandelt haben. Die Tatsache, dass der Vorname aber durch bloßes Anfügen eines „d" das Adjektiv „*weird*" mit der Bedeutung „unheimlich" ergibt, dürfte bei *Gilmans* feinsinniger Ausdrucksweise eher ein absichtlicher Vorgang zur Unterstreichung der implizierten Kritik gewesen sein. Mit der Verschlechterung ihres seelischen Zustandes, der sich an der Beschreibung der Tapete spiegelt (s.o.), erklärt die Protagonistin nach einem Absatz plötzlich:

"Life is very much more exciting now than it used to be."[82]

Obwohl auch die plötzlichen Stimmungswechsel, die zum Krankheitsbild der Ich-Erzählerin gehören diese Äußerung erklären könnten, scheint es doch so, als würde sie die zunehmende Besorgnis, die sie bei ihrem Umfeld verursacht, zumindest amüsieren. Als sie entdeckt, dass ihr Ehemann seiner Schwester und ihr selbst aus Besorgnis jeden Tag viele Fragen stellt[83], reagiert sie mit deutlicher Ironie:

"As if I couldn't see through him!"[84]

Denselben ironischen Hohn zeigt sie am Ende der Kurzgeschichte, als ihr Mann vor der verschlossenen Schlafzimmertür steht und um Einlass bittet. Sie denkt:

"It is no use, young man, you can't open it!"[85]

Als John allerdings nach einer Axt verlangt, um die Tür zu öffnen, verlegt sich die Protagonistin - wie schon einmal - plötzlich auf pragmatische Gesichtspunkte:

"It would be a shame to break down that beautiful door!"[86]

Ihre Ironie kehrt zurück, als ihr Ehemann beim Anblick des verwüsteten Schlafzimmers in Ohnmacht fällt:

"Now why should that man have fainted?"[87]

Durch die ganze Kurzgeschichte hindurch finden sich immer wieder kurze Bemerkungen der Ich-Erzählerin, die deutlich machen, wie sehr sich ihr reduziertes soziales Umfeld proportional zur Verschlechterung ihres psychischen Zustandes auf ihre Bedürfnisse einstellt:

---

[81] *The Yellow Walpaper*, page 6.
[82] *The Yellow Walpaper*, page 11.
[83] *The Yellow Walpaper*, page 14.
[84] *The Yellow Walpaper*, page 14.
[85] *The Yellow Walpaper*, page 16.
[86] *The Yellow Walpaper*, page 16.
[87] *The Yellow Walpaper*, page 16.

"There comes John's sister. Such a dear girl she is, and so careful of me!"[88]
"Of course I didn't do a thing. Jennie sees to everything now."[89]
"Jennie wanted to sleep with me - the sly thing; but I told her I should undoubtedly rest better for a night all alone."[90]
"Jennie looked at the wall in amazement, but I told her merrily that I did it out of pure spite at the vivious thing. She laughed and said she wouldn't mind doing it herself, but I must not get tired."[91]

Über ihren Ehemann sagt sie:

"John is away all day, and even some nights when his cases are serious."[92]

Er taucht episodisch auf, nimmt aber erst im letzten Abschnitt wieder aktiv am Geschehen teil.

Zuvor liegt seine Bedeutung in seiner Existenz als Arzt und in seiner ablehnenden Haltung seiner Ehefrau und Patientin gegenüber. Diese ablehnende Haltung scheint allerdings nicht nur bei ihm vorhanden zu sein. An die Feststellung, ihr Mann sei selten zu Hause, schließt die Protagonistin die Äußerung " I am glad my case is not serious"[93] an. Diese kann durchaus wörtlich verstanden werden: wäre ihr Fall ernst, wäre ihr Mann mehr bei ihr. Um ihre Genesung zu fördern verabreicht er ihr lediglich Pülverchen, Pillen und Lotionen, kümmert sich aber ansonsten nicht um ihre Genesung. Statt dessen weist er sie zurecht wenn sie das Gespräch sucht und teilt ihr mit, ihre Genesung läge allein in ihrer Macht:

"He says noone but myself can help me out of it, that I must use my will and self-control and not let any silly fancies run away with me."[94]

Charlotte Perkins Gilman schließt ihre Kurzgeschichte mit dem Hinweis ihrer Heldin, sie müsse nun immer über ihren ohnmächtigen Ehemann hinweg kriechen.[95]

Die Symbolik ist eindeutig: Die Heldin erhebt sich über ihren Arzt und Mann - sie übt Macht aus.

---

[88] The yellow wallpaper, page 6.
[89] The yellow wallpaper, page 6.
[90] The yellow wallpaper, page 14.
[91] The yellow wallpaper, page 14.
[92] The yellow wallpaper, page 3.
[93] The yellow wallpaper, page 3.
[94] The yellow wallpaper, page 8.
[95] "Now why should that man have fainted? But he did, and right across my path by the wall, so that I had to creep over him every time!" The yellow wallpaper, page 16.

16

Kapitel IV: Ausblick

Charlotte Perkins Gilman hat mit ihrer Kurzgeschichte erreicht, dass der von ihr kritisierte *Dr. Silas Weir Mitchell* seine Behandlungsmethode überdacht und die Ruhigstellungsthrapie verworfen hat. Damit hat *Gilman* viele Frauen vor einem Schicksal wie dem ihren bewahrt. Zusätzlich hat sie mit ihrem unermüdlichen Einsatz für ihre Zeitschrift *"The Forerunner"* und ihren anderen Arbeiten die feministische Literatur auf den Weg gebracht, auch wenn ihr dieser Verdienst erst spät zuerkannt wurde.

The Yellow Wallpaper kann auf zwei Arten gelesen werden. Einerseits kann man sich mit der Kritik an der patriarchalischen Gesellschaft des 19. Jahrhunderts begnügen, aber damit würde man meines Erachtens *Charlotte Perkins Gilman* nicht gerecht. Um in der Lage zu sein, in einer Kurzgeschichte dem Leser ein derart komplexes und feinsinniges Geflecht von Gesellschaftskritik, Medizinkritik und den intimsten Gedanken eines Individuums entstehen zu lassen, bedarf es der Fähigkeit zu Selbsterforschung und Selbstkritik. Die Faszination von *The Yellow Wallpaper* geht gerade von ihrer Vielschichtigkeit aus, meine kritische Betrachtung der Heldin will diese unterstreichen, nicht schmälern.

Im Rahmen der Literaturtheorie wäre weiterhin die genauere Untersuchung der Zughörigkeit zum Genre der *Gothic-Literature* und dabei insbesondere die genaue Betrachtung der Figur des Ehemannes mit Sicherheit sehr ergiebig gewesen: Ist John ein typischer *Gothic-villain* ? Hat er die Motivation, seiner Ehefrau bewusst zu schaden, oder weiß er es schlicht nicht besser? Auch die bereits erwähnten Parallelen zur Inquisition wären eine nähere Betrachtung wert. Nicht unerwähnt bleiben soll an dieser Stelle, dass bisher keine ausführliche Darstellung zum Thema der vorliegenden Hausarbeit erschienen ist, obwohl das Motiv des seine Umwelt beherrschenden Kranken von vielen Autoren behandelt wurde, um mit *Molière* nur einen der bekanntesten zu nennen.

Leider hätte die Erörterung aller interessanten Fragen, die sich während der intensiven Lektüre stellten, den Rahmen dieser Hausarbeit gesprengt.

Kapitel V: Literaturverzeichnis

EHRENREICH, BARBARA UND DEIDRE ENGLISH

Zur Krankheit gezwungen. Eine schichtenspezifische Untersuchung der Krank-heitsideologie als Instrument zur Unterdrückung der Frau im 19. und 20. Jahrhundert am Beispiel der USA.
München 1976.

FISCHER-HOMBERGER, ESTHER

Krankheit Frau und andere Arbeiten zur Medizingeschichte der Frau.
Bern 1979.

HERTZ, DAN G. UND H. MOLINSKI

Psychosomatik der Frau. Entwicklungsstufen der weiblichen Identität in Gesundheit und Krankheit.
Berlin♦ Heidelberg ♦ New York ²1981(ND).

HURLEY, KELLY

The Gothik Body. Sexuality, materialism, and degeneration at the fin de siècle.
Cambridge, 1996.

LAMOTT, FRANZISKA

Die vermessene Frau. Hysterien um 1900.
München, 2001.

MAYR, THOMAS

Hysterische Körpersymptomatik.
Eine Studie aus historischer und (inter)kultureller Sicht.
Frankfurt/Main, 1989.

MICHEL, GABRIELE

Charlotte Perkins Gilman: Die gelbe Tapete. Schreiben als eigenwilliger Prozess -
Wahn als Vision.
In: *Frauen - Literatur - Revolution*, herausgegeben v. Helga Grubitzsch u.a.
Pfaffenweiler 1992.

PERKINS GILMAN, CHARLOTTE

The Yellow Wallpaper.
In: *Daughters of Decadence. Woman Writers of the Fin de Siècle*,
herausgegeben v. Elaine Schowalter.
London 1993.

dies.

The Yellow Wallpaper.

In: *Herland and selcted stories by Charlotte Perkins Gilman*, herausgegeben v. Barbara H. Solomon, New York [20]1992.

dies.

Die gelbe Tapete. Mit einem Nachwort von Elaine R. Hedges. München 1978.

dies.

Why I wrote "The Yellow Wallpaper". The Forerunner, October 1913.

PLESCH, BETTINA

Die Heldin als Verrückte: Frauen und Wahnsinn im englischsprachigen Roman von der Gothic Novel bis zur Gegenwart. Pfaffenweiler 1995.

SCHAPS, REGINA

Hysterie und Weiblichkeit. Wissenschaftsmythen über die Frau. Frankfurt, 1982.

19

Lightning Source UK Ltd.
Milton Keynes UK
UKRC012005220819
348447UK00001B/9

* 9 7 8 3 6 3 8 8 2 2 7 4 9 *